PIZZA & FLAMMKUCHEN

Heiß begehrte Knusperstücke

Autorin: Inga Pfannebecker | Fotos: Kramp + Gölling Fotodesign

DIE GU-QUALITÄTS-GARANTIE

Wir möchten Ihnen mit den Informationen und Anregungen in diesem Buch das Leben erleichtern und Sie inspirieren, Neues auszuprobieren. Bei jedem unserer Bücher achten wir auf Aktualität und stellen höchste Ansprüche an Inhalt, Optik und Ausstattung. Alle Rezepte und Informationen werden von unseren Autoren gewissenhaft erstellt und von unseren Redakteuren sorgfältig ausgewählt und mehrfach geprüft. Deshalb bieten wir Ihnen eine 100 %ige Qualitätsgarantie.

Darauf können Sie sich verlassen:
Wir legen Wert darauf, dass unsere Kochbücher zuverlässig und inspirierend zugleich sind. Wir garantieren:
- dreifach getestete Rezepte
- sicheres Gelingen durch Schritt-für-Schritt-Anleitungen und viele nützliche Tipps
- eine authentische Rezept-Fotografie

Wir möchten für Sie immer besser werden:
Sollten wir mit diesem Buch Ihre Erwartungen nicht erfüllen, lassen Sie es uns bitte wissen! Wir tauschen Ihr Buch jederzeit gegen ein gleichwertiges zum gleichen oder ähnlichen Thema um. Nehmen Sie einfach Kontakt zu unserem Leserservice auf. Die Kontaktdaten unseres Leserservice finden Sie am Ende dieses Buches.

GRÄFE UND UNZER VERLAG
Der erste Ratgeberverlag – seit 1722.

KV

INHALT

TIPPS UND EXTRAS

8 DIE KLASSIKER

COVER-REZEPT

Das grüne Blatt bei den Rezepten heißt fleischloser Genuss:
Mit diesem Symbol sind alle vegetarischen Gerichte gekennzeichnet.

28 DIE RAFFINIERTEN

48 DIE SCHNELLEN

SO GELINGEN DIE OFEN-HITS

Mit den richtigen Zutaten und der richtigen Technik schmeckt es auch bei Ihnen zu Hause wie in der Pizzeria oder wie im Bistro. So werden Sie Schritt für Schritt zum Pizzaiolo.

DIE BASIS

Der Teig ist die Grundlage für herzhaftes Gebäck. Für Pizza wird ein einfacher Hefeteig mit geringem Hefeanteil verwendet. Ideal dafür ist das in Italien gebräuchliche Pizza-Mehl der Type 00. Es enthält mehr Klebereiweiß als normales Weizenmehl der Type 405. Dadurch wird der Teig geschmeidiger und lässt sich besser zu einem dünnen Boden formen. Ein guter Ersatz ist Mehl der Type 550 und auch Dinkelmehl lässt sich prima verwenden. Ich arbeite gerne mit frischer Hefe, die ich auf Vorrat

portionsweise einfriere und dann durch Rühren in lauwarmem Wasser auflöse. Aber auch mit Trockenhefe lassen sich gute Ergebnisse erzielen. Je länger der Teig geknetet wird, desto besser wird er. Handarbeit lohnt sich dabei, denn die Wärme der Hände hilft der Hefe auf die Sprünge. Beim langsamen Gehen über Nacht im Kühlschrank bekommt der Teig den typisch herzhaften Geschmack. Auch Flammkuchenteig kommt mit wenigen Zutaten aus. Buttermilch sorgt für einen leicht säuerlichen Geschmack. Mürbeteig ist ideal für Tartes oder Quiches. Er sollte rasch und mit kühlen Händen geknetet werden, damit er schön knusprig wird. Brotteig, der sich einfach aus fertigen Brotbackmischungen herstellen lässt, sorgt für eine besonders herzhafte Basis. Ideal für knuspriges Gebäck ist Blätterteig oder der leichtere, hauchdünne Yufkateig. Beide bekommt man fertig im Kühlregal. Strudelteig lässt sich gut zum Umhüllen von saftigen Füllungen verwenden.

DIE SAUCE

Bei der klassischen Pizza darf Tomatensauce nicht fehlen. Tomaten aus der Dose sind dafür die beste Wahl, da sie – besonders außerhalb der Tomatensaison – aromatischer als frische Ware sind. Legen Sie dabei Wert auf gute Qualität. Billige Produkte haben oft einen säuerlichen Beigeschmack. Salz, Pfeffer, 1 Prise Zucker und eventuell noch etwas Oregano reichen zum Würzen. Die weiße Sauce für eine »Pizza bianca« wird auf Basis des italienischen Frischkäses Ricotta zubereitet. Für Quiches und Tartes ist eine cremige Mischung aus Milchprodukten und Ei das verbindende Element für die Zutaten der Füllung. Die milde Sauce sollte kräftig gewürzt werden. Eher trockenem Gebäck wie Strudel tut nach dem Backen ein Klacks Joghurt-Dip (siehe Umschlagklappe hinten) gut.

DER BELAG

Pizza war ursprünglich ein Resteessen, und auch heute noch eignet sie sich dazu, aus übrig gebliebenen Zutaten einen Hochgenuss zu zaubern. Erlaubt ist was schmeckt. Überfrachten Sie Ihre Pizza oder Flammkuchen aber nicht mit zu vielen unterschiedlichen Zutaten oder mit einer zu großen Menge an Belag. Sonst kommen weder der Teig noch die einzelnen Zutaten zur Geltung. Wasserreiches Gemüse wie Zucchini oder Pilze sehr dünn schneiden oder vorher andünsten, sonst wird es schnell matschig. Auch zu viel Käse macht den Teigfladen schwer und überdeckt alle anderen Aromen. Klassischerweise wird deshalb auch milder Mozzarella für eine Pizza verwendet. Wer es kräftiger mag, kann ihn mit Sorten wie Cheddar und Emmentaler mischen oder am Ende würzige Parmesanspäne aufstreuen.

Während in der Pizzeria der Käse meist unter den Belag kommt, sollten Sie ihn zu Hause besser auf den Belag legen. Da die Backzeiten in einem normalen Ofen länger sind als in einem Pizzaofen, schützt der Käse die anderen Zutaten vor dem Austrocknen. Bei Quiches, Tartes oder Strudeln ist der Anteil an Füllung im Gegensatz zur Pizza oder zum Flammkuchen höher. Hier ist es wichtig, dass die Füllung nicht zu viel Flüssigkeit enthält. Eine dünne Schicht Semmelbrösel oder ein wenig geriebener Käse zwischen Boden und Füllung wirkt als Flüssigkeitsstopper.

DAS BACKEN

Das Wichtigste beim Backen von Pizza und Flammkuchen: Die Temperatur im Ofen muss hoch genug sein. Heizen Sie den Backofen auf höchst möglicher Temperatur gut vor – und auch das Backblech sollten Sie unbedingt mit vorheizen. So bekommt der Teig auch von unten die nötige Hitze und wird schön knusprig und kross.

Eine gute Anschaffung für alle, die öfter Pizza backen: ein Pizzastein aus Schamott, der im Ofen mit vorgeheizt wird, beziehungsweise gleich ein spezieller Pizzaofen, in dem die Pizzas bei rund 400° auf einem Pizzastein gebacken werden. Da der Stein die Hitze speichert und Feuchtigkeit aus dem Teig aufsaugt, wird der Boden schön kross. Außerdem verkürzt sich so die Backzeit auf 4–8 Min. Praktisch, wenn Sie mehrere runde Pizzas hintereinander backen wollen.

24-STUNDEN-PIZZATEIG

5 g frische Hefe (ersatzweise 3 g Trockenhefe) | 500 g Mehl (Type 00 oder 550) | Salz | 1 EL Olivenöl | Mehl zum Arbeiten

Für 4 runde Pizzas (28 cm ∅) oder 2 Backbleche (à 36 × 39 cm) | 20 Min. Zubereitung | 24 Std. Ruhezeit | 60 Min. Backen | Pro Pizzaboden ca. 445 kcal, 13 g E, 4 g F, 89 g KH

1 Hefe unter Rühren in 300 ml lauwarmem Wasser auflösen. Zum Mehl gießen. 1 leicht gehäuften TL Salz und das Öl zugeben.

2 15 Min. kneten, mit einem sauberen Geschirrtuch abdecken. Bei Zimmertemperatur 30 Min. und dann im Kühlschrank 24 Std. gehen lassen.

3 Die Schüssel mit dem Teig 30 Min. vor der Verarbeitung aus dem Kühlschrank nehmen und in 45 bis 60 Min. Zimmertemperatur annehmen lassen.

4 Den Backofen samt Backblech auf 250° vorheizen. Teig vierteln. Stücke in Mehl wenden und durch Drücken und Ziehen zu einem dünnen runden Boden formen.

5 Den Pizzaboden auf ein leicht bemehltes Backpapier legen. Nach Belieben belegen, aufs heiße Backblech gleiten lassen und je 12–15 Min. backen.

TIPP

Keine Zeit bis morgen? Dann verwenden Sie ½ Würfel (21 g) oder 1 Pck. Trockenhefe (7 g) und lassen den Teig nur 1–2 Std. an einem warmen Ort gehen. Sie wollen ein ganzes Blech zubereiten? Dann halbieren Sie den Teig und rollen ihn auf bemehltem Backpapier auf die gewünschte Größe aus.

FLAMMKUCHENTEIG

400 g Mehl (Type 550) | 4 EL Rapsöl | Salz | 125 g Buttermilch |
Mehl zum Arbeiten | Frischhaltefolie
Für 4 Stück (à 32 × 38 cm) | 15 Min. Zubereitung | 5 Min. Ruhen | 50 Min. Backen |
Pro Teigboden ca. 440 kcal, 12 g E, 11 g F, 72 g KH

1 Den Backofen samt Backblech auf 250° vorheizen. Das Mehl in eine weite Schüssel geben. Öl, 1 gehäuften TL Salz, 100 ml Wasser und Buttermilch dazugeben.

2 Alle Zutaten mit den Knethaken des Handrührgeräts in 5 Min. zu einem glatten Teig verkneten.

3 Den fertigen Teig in Frischhaltefolie wickeln und 5 Min. ruhen lassen. Den Teig vierteln und bis zum Ausrollen abgedeckt lassen, damit er nicht trocken wird.

4 Die Teigviertel auf je einem bemehlten Stück Backpapier 3 mm dünn oval ausrollen. Als Rutschbremse ein feuchtes Tuch unter das Papier legen.

5 Die Böden nach Belieben belegen. Das heiße Backblech aus dem Ofen nehmen, Flammkuchen samt Papier daraufziehen und 12 Min. backen.

TIPP

Sie können den Teig bis zu 24 Stunden vorher zubereiten und in Folie gewickelt im Kühlschrank lagern. Vor dem Ausrollen in 45 Min. Zimmertemperatur annehmen lassen. Flammkuchen schmeckt am besten ofenfrisch.

DIE KLASSIKER

Ob groß oder klein: Alle lieben sie! Hier versammeln sich die Stars des herzhaften Gebäcks: Angefangen beim Italo-Klassiker Pizza Margherita über einen deftigen hessischen Schmandkuchen bis hin zu türkischem Lahmacun und einer feinen Gemüsetarte. Da ist für jeden das Richtige dabei.

PIZZA MARGHERITA

So einfach und so gut: Diese schon seit Ende des 19. Jahrhunderts bekannte Pizzavariante aus Neapel ist die Mutter aller Pizzas. Entscheidend sind hochwertige aromatische Zutaten.

1 Rezeptmenge 24-Stunden-
Pizzateig (siehe S. 6)
½ Dose stückige
Tomaten (200 g)
Salz | Pfeffer
1 Prise Zucker
3 Kugeln Mozzarella (à 125 g)
7 Stiele Basilikum
50 g Parmesan
4 EL Olivenöl
Außerdem:
Mehl zum Arbeiten

Mutter aller Pizzas 🌿

Für 4 Stück |
30 Min. Zubereitung |
24 Std. Ruhen |
45 Min. Backen
Pro Stück ca. 800 kcal,
33 g E, 34 g F, 90 g KH

1 Den Teig nach Grundrezept zubereiten, gehen und Zimmertemperatur annehmen lassen. Den Backofen samt Backblech oder Pizzastein auf 250° vorheizen. Den Teig vierteln und auf je einem leicht bemehlten Stück Backpapier zu vier runden Pizzaböden formen, den Rand etwas dicker lassen.

2 Tomaten mit Salz, Pfeffer und Zucker würzen. Nach und nach je 2–3 EL Tomaten auf jedem Pizzaboden verstreichen. Mozzarella in dünne Scheiben schneiden und die Pizzaböden mit je einem Viertel davon belegen. Pizzas samt Backpapier nacheinander auf das heiße Backblech ziehen und je 10 Min. backen.

3 Inzwischen Basilikum waschen, trocken schütteln und die Blättchen von den Stielen zupfen. Pizza aus dem Ofen nehmen, mit etwa einem Viertel der Basilikumblättchen belegen. Ein Viertel des Parmesans direkt über die Pizza reiben. 1 EL Öl auf die Pizza träufeln. Weitere 2 Min. backen. Übrige Pizzas genauso belegen und backen. Jeweils sofort heiß servieren.

VARIANTE PIZZA MARINARA

Ganz ohne Käse – und daher vegan – kommt dieser Klassiker aus Neapel aus. Den Teig wie beschrieben zubereiten, zu vier Pizzaböden formen und mit stückigen Tomaten aus der Dose bestreichen. 4 Knoblauchzehen schälen und in dünne Scheibchen schneiden. 4 Stiele Oregano waschen, trocken schütteln und die Blättchen von den Stielen zupfen. Pizzas mit Knoblauch und Oregano belegen. Mit je 1 EL Olivenöl beträufeln und 12 Min. bei 250° backen. Nach dem Backen mit je 1 TL Olivenöl beträufeln und sofort servieren.

PIZZETTE TONNO

½ Rezeptmenge 24-Stunden-Pizzateig (siehe S. 6) | ½ Dose stückige Tomaten (200 g) | Salz | Pfeffer | 1 Prise Zucker | 1 TL getrockneter Oregano | 1 Dose Thunfisch (in Öl; 135 g Abtropfgewicht) | 1 kleine rote Zwiebel | 3 EL Kapern (aus dem Glas) | 1 Kugel Mozzarella (125 g) | Mehl zum Arbeiten

Köstliches Fingerfood

Für 12 Stück | 35 Min. Zubereitung |
24 Std. Ruhen | 25 Min. Backen
Pro Stück ca. 135 kcal, 7 g E, 5 g F, 16 g KH

1 Den Teig nach Grundrezept zubereiten, gehen und Zimmertemperatur annehmen lassen. Den Backofen samt Backblech oder Pizzastein auf 250° vorheizen. Den Teig in 12 Stücke teilen und auf zwei leicht bemehlten Stücken Backpapier zu 12 runden Pizzaböden (8 cm ⌀) formen.

2 Tomaten mit Salz, Pfeffer, Zucker und Oregano würzen. Thunfisch in ein Sieb abgießen, abtropfen lassen und mit einer Gabel auseinander zupfen. Zwiebel schälen, halbieren und in feine Scheiben schneiden. Kapern abtropfen lassen. Mozzarella halbieren und in dünne Scheiben schneiden.

3 Je 1 knappen EL Tomatensauce auf die Pizzaböden geben und verstreichen. Mit Thunfisch, Zwiebelscheiben, Kapern und Mozzarella belegen. Pizzas vorsichtig samt Papier nacheinander auf das heiße Backblech ziehen und jeweils 12 Min. backen. Heiß oder lauwarm servieren.

TIPP

Genial sind die kleinen Pizzette auch für Kindergeburtstage: Bereiten Sie den Teig und verschiedene Beläge vor und lassen Sie jedes Kind selbst eine Pizza belegen.

PIZZA PARMA

1 Rezeptmenge 24-Stunden-Pizzateig (siehe S. 6) | ½ Dose stückige Tomaten (200 g) | Salz | Pfeffer | 1 Prise Zucker | 150 g Cocktailtomaten | 2 Kugeln Mozzarella (à 125 g) | 100 g Rucola | 12 dünne Scheiben Parmaschinken | 4 TL Olivenöl | 50 g Parmesan | Mehl zum Arbeiten

Das Beste kommt zum Schluss

Für 4 Stück | 50 Min. Zubereitung | 24 Std. Ruhen | 45 Min. Backen
Pro Stück ca. 770 kcal, 39 g E, 27 g F, 92 g KH

1 Den Teig nach Grundrezept zubereiten, gehen und Zimmertemperatur annehmen lassen. Den Backofen samt Backblech oder Pizzastein auf 250° vorheizen. Den Teig vierteln und auf je einem leicht bemehlten Stück Backpapier zu vier runden Pizzaböden formen, den Rand etwas dicker lassen.

2 Die Tomaten mit Salz, Pfeffer und Zucker würzen. Nach und nach je 2–3 EL stückige Tomaten auf jedem Pizzaboden verstreichen. Die Cocktailtomaten waschen, trocken tupfen und halbieren. Mozzarella in dünne Scheiben schneiden. Die Pizzaböden mit je einem Viertel der Cocktailtomaten und der Mozzarellascheiben belegen. Pizzas samt Backpapier nacheinander auf das heiße Backblech ziehen und je 10 Min. backen.

3 Inzwischen den Rucola waschen, trocken schütteln, verlesen und grobe Stiele entfernen. Fertige Pizza mit je 3 Scheiben Parmaschinken belegen, mit je 1 TL Öl beträufeln und ein Viertel des Rucolas daraufgeben. Etwa ein Viertel des Parmesans mit einem Sparschäler in Spänen direkt über der Pizza hobeln. Am besten noch warm servieren.

PIZZA BIANCA MIT SALSICCIA

Keine Lust auf Tomaten? Dann probieren Sie die! Der Kontrast aus sanft-cremiger Sauce und würzigem Belag mit Pilzen und Bratwurst-Bröseln ist unwiderstehlich gut.

1 Rezeptmenge 24-Stunden-
Pizzateig (siehe S. 6)
5 g getrocknete Steinpilze
125 g Ricotta
Salz
150 g Pilze (z. B. Champignons
oder Steinpilze)
5 Zweige Thymian
1 Kugel Mozzarella (125 g)
40 g Parmesan
150 g Salsiccia (italienische
grobe Bratwurst; ersatzweise
normale grobe Bratwurst)
Pfeffer
Außerdem:
Mehl zum Arbeiten

Ganz ohne Tomate

Für 4 Stück |
50 Min. Zubereitung |
24 Std. Ruhen |
45 Min. Backen
Pro Stück ca. 755 kcal,
33 g E, 29 g F, 89 g KH

1 Den Teig nach Grundrezept zubereiten, gehen lassen und Zimmertemperatur annehmen lassen. Inzwischen die getrockneten Steinpilze in einer Schale mit lauwarmem Wasser bedecken und 30 Min. einweichen lassen. Den Backofen samt Backblech oder Pizzastein auf 250° vorheizen.

2 Die Steinpilze abgießen, dabei 3 TL Einweichwasser auffangen. Die Pilze trocken tupfen und klein hacken. Den Ricotta mit dem Einweichwasser glatt rühren und mit Salz würzen. Getrocknete Pilze unterrühren.

3 Die Pilze säubern, putzen und in dünne Scheiben schneiden (Bild 1). Thymian waschen, trocken schütteln und die Blättchen von den Zweigen zupfen. Mozzarella in dünne Scheiben schneiden. Parmesan mit einem Sparschäler in dünne Späne schneiden.

4 Den Teig vierteln und auf je einem leicht bemehlten Stück Backpapier zu vier runden Pizzaböden formen, den Rand rundherum etwas dicker lassen (Bild 2).

5 Pizzaböden mit je einem Viertel der Ricottamasse bestreichen. Mit Thymian bestreuen und mit Pilzen belegen. Salsiccia in kleinen Flöckchen aus der Pelle und direkt auf die Pizza drücken (Bild 3). Mit Mozzarella belegen und mit Parmesan bestreuen. Die Pizzas samt Papier nacheinander auf das heiße Backblech ziehen und je 13–15 Min. backen. Mit etwas Pfeffer bestreut sofort servieren.

PIZZA QUATTRO STAGIONI

1 Rezeptmenge 24-Stunden-Pizzateig (siehe S. 6) | ½ Dose stückige Tomaten (200 g) | Salz | Pfeffer | 1 Prise Zucker | 100 g Champignons | 100 g Artischocken in Öl | 2 Scheiben gekochter Schinken | 4 Scheiben Salami | 1 mittelgroße Zwiebel | 1 rote Spitzpaprika | 50 g schwarze, entsteinte Oliven (aus dem Glas) | 2 Kugeln Mozzarella (à 125 g) | Mehl zum Arbeiten

All Time Favorite

Für 4 Stück | 50 Min. Zubereitung |
24 Std. Ruhen | 45 Min. Backen
Pro Stück ca. 700 kcal, 30 g E, 22 g F, 96 g KH

1 Den Teig nach Grundrezept zubereiten, gehen und Zimmertemperatur annehmen lassen. Den Backofen samt Backblech oder Pizzastein auf 250° vorheizen. Die Tomaten mit Salz, Pfeffer und etwas Zucker würzen.

2 Die Champignons säubern, putzen und in Scheiben schneiden. Artischocken und Schinken in Stücke schneiden. Salamischeiben halbieren. Die Zwiebel schälen und in Ringe schneiden. Die Paprikaschote halbieren, weiße Trennwände und Kerne entfernen, die Hälften waschen und in Streifen schneiden. Die Oliven halbieren. Mozzarella in dünne Scheiben schneiden.

3 Teig vierteln und auf je einem leicht bemehlten Stück Backpapier zu vier runden Pizzaböden formen. Je 2–3 EL Tomaten darauf verstreichen. Je ein Viertel jeder Pizza mit Schinken und Champignons, Salami und Paprika, Zwiebel, Oliven und Artischocken belegen. Die Pizzas samt Backpapier nacheinander auf das heiße Backblech ziehen und je 12 Min. backen. Sofort servieren.

PIZZAZUNGEN MIT KARTOFFELN

1 Rezeptmenge 24-Stunden-Pizzateig (siehe S. 6) | 100 g Schmand | 150 g Ziegenfrischkäse | Salz | Pfeffer | 8 Zweige Rosmarin | 300 g festkochende Kartoffeln | 8 TL Öl | Mehl zum Arbeiten

Toll für Gäste 🌿

Für 8 Pizzazungen | 45 Min. Zubereitung | 24 Std. Ruhen | 25 Min. Backen
Pro Stück ca. 370 kcal, 11 g E, 14 g F, 50 g KH

1 Den Teig nach Grundrezept zubereiten, gehen und Zimmertemperatur annehmen lassen. Den Backofen samt Backblech oder Pizzastein auf 250° vorheizen. Schmand und Ziegenfrischkäse in eine Schüssel geben, glatt rühren und mit ½ TL Salz und Pfeffer pikant abschmecken. Den Rosmarin waschen, trocken schütteln, die Nadeln von den Zweigen zupfen und fein hacken.

2 Den Teig in acht Stücke teilen. Jedes Stück auf etwas Mehl zu einer 25 cm langen und 6–7 cm breiten Zunge ausrollen. Böden auf zwei Stücke Backpapier verteilen und mit der Frischkäsecreme bestreichen. Mit Rosmarin bestreuen.

3 Die Kartoffeln schälen, waschen und in sehr dünne Scheiben hobeln. Auf den Pizzazungen verteilen. Jede Pizzazunge mit 1 TL Öl beträufeln. Pizzazungen nacheinander auf das heiße Backblech ziehen und je 12–15 Min. backen. Sofort servieren.

TIPP

Für eine Luxus-Version etwas schwarzen Trüffel über die fertigen Pizzas hobeln oder etwas Trüffelöl darüberträufeln.

TÜRKISCHE PIZZA

Gerollt, nicht geschnitten, und aus der Hand gegessen überzeugt die auch als Lahmacun bekannte Spezialität mit würzig-scharfem Hackbelag und knackig-frischer Füllung.

Für den Teig:
500 g Mehl (Type 405)
½ Würfel Hefe (21 g)
1 EL Joghurt
2 EL Olivenöl
Salz
Für den Belag:
2 hellgrüne Spitzpaprika
2 Tomaten
1 Zwiebel
2 Knoblauchzehen
½ Bund glatte Petersilie
350 g Rinderhackfleisch
4 EL Tomaten-Paprikamark
(ersatzweise Tomatenmark)
1 TL edelsüßes Paprikapulver
1 geh. TL gemahlener Kreuzkümmel
Salz
2 EL Olivenöl
Außerdem:
Mehl zum Arbeiten

Genuss auf türkisch

Für 10 Stück |
45 Min. Zubereitung |
1 Std. Ruhen |
50 Min. Backen
Pro Stück ca. 290 kcal,
13 g E, 10 g F, 38 g KH

1 Für den Teig Mehl in eine Schüssel geben. Die Hefe in 250 ml lauwarmem Wasser auflösen. Mit Joghurt, Öl und 1 ½ TL Salz zum Mehl geben und zu einem glatten Teig verkneten. Weitere 10 Min. kneten. Abgedeckt an einem warmen Ort 1 Std. gehen lassen, bis der Teig sein Volumen etwa verdoppelt hat.

2 Inzwischen für den Belag die Paprikaschoten halbieren, weiße Trennwände und Kerne entfernen, die Hälften waschen und sehr klein würfeln. Tomaten waschen, vierteln, entkernen und ebenfalls sehr klein würfeln. Zwiebel und Knoblauch schälen und sehr fein würfeln. Die Petersilie waschen, trocken schütteln, die Blättchen von den Stielen zupfen und hacken. Das Hackfleisch mit allen vorbereiteten Zutaten, Tomaten-Paprikamark, Gewürzen, 2 TL Salz und Öl verkneten. Bis zur Verwendung kalt stellen.

3 Den Teig noch einmal kurz durchkneten und in zehn Stücke teilen. Stücke auf etwas Mehl zu runden Fladen (20 cm ∅) ausrollen. Die Fladen nacheinander in eine Pfanne legen und mit 1–2 EL Hackmasse bestreichen. Deckel auflegen und den Fladen 4 Min. bei mittlerer Hitze backen. Aus der Pfanne nehmen und zwischen zwei Geschirrtüchern warm halten.

4 Den nächsten Fladen ebenso backen, dann mit der Hackmasse nach unten auf den ersten Fladen legen. Den dritten Fladen mit der Teigseite auf diesen Fladen legen und so fort, bis alle Fladen gebacken sind. Lahmacun nach Belieben belegen (siehe Tipp) und wie einen Wrap aufrollen.

TIPP

Wer es knackig mag, kann sein Lahmacun nach dem Backen mit frischen Zutaten belegen. Dazu Zitronen-Viertel, ½ Eisbergsalat in Streifen, ½ Salatgurke in Würfeln und 2 Tomaten in Scheiben bereitstellen. 250 g Joghurt mit 1 durchgepressten Knoblauchzehe und Salz verrühren und nach Belieben mit Pul Biber abschmecken. Salat und Joghurt-Dip auf dem Teigfladen verteilen, Zitronensaft darüberpressen, Lahmacun aufrollen und sofort genießen.

CALZONE MIT SCHINKEN UND CHAMPIGNONS

Bei diesem italienischen Klassiker spielt der Belag Verstecken und bleibt zwischen den zwei Schichten Pizzateig besonders saftig. Zum Reinbeißen gut!

1 Rezeptmenge 24-Stunden-Pizzateig (siehe S. 6)
250 g Champignons
3 EL Öl
Salz | Pfeffer
6 Scheiben gekochter Schinken
½ Dose stückige Tomaten (200 g)
1 Prise Zucker
1 TL getrockneter Oregano
1 Kugel Mozzarella (125 g)
100 g geriebener Emmentaler
1 Ei
Außerdem:
Mehl zum Arbeiten

Schmeckt nach Urlaub

Für 4 Stück |
45 Min. Zubereitung |
24 Std. Ruhen |
30 Min. Backen
Pro Stück ca. 775 kcal,
39 g E, 28 g F, 91 g KH

1 Den Teig nach Grundrezept zubereiten, gehen und Zimmertemperatur annehmen lassen. Den Backofen samt Backblech oder Pizzastein auf 250° vorheizen.

2 Inzwischen die Pilze säubern, putzen und in dünne Scheiben schneiden. 1 EL Öl in einer Pfanne erhitzen und die Pilze darin unter Wenden 5 Min. kräftig anbraten. Mit Salz und Pfeffer würzen. Den Schinken in kleine Würfel schneiden und unter die Pilze mischen. Die Tomaten mit Salz, Pfeffer, Zucker und Oregano würzen und mit den Pilzen und dem Schinken mischen. Den Mozzarella reiben und mit dem Emmentaler mischen.

3 Das Ei trennen. Teig vierteln und auf je einem leicht bemehlten Stück Backpapier nach und nach zu vier runden Pizzaböden (30 cm Ø) formen. Jeweils auf eine Hälfte der Pizzaböden nacheinander ein Viertel der Tomaten- und der Käsemischung verteilen. Teigrand rundherum dünn mit Eiweiß bestreichen. Die zweite Teighälfte über die Füllung klappen und gut andrücken. Mit den Händen einen dekorativen Rand formen.

4 Das Eigelb mit 2 EL Öl verquirlen. Jeweils 2 Pizzataschen auf ein heißes Backblech ziehen, mit der Eigelbmischung einpinseln und je 13–15 Min. backen.

FLAMMKUCHEN ELSÄSSER ART

1 Rezeptmenge Flammkuchenteig (siehe S. 7) | 200 g Magerquark | 100 g Crème fraîche | 1 Eigelb | Salz | Pfeffer | frisch geriebene Muskatnuss | 1 rote Zwiebel | 150 g geräucherter Schinkenspeck in Würfeln | Mehl zum Arbeiten

Knusperdünner Klassiker

Für 4 Stück | 30 Min. Zubereitung |
50 Min. Backen
Pro Stück ca. 630 kcal, 27 g E, 24 g F, 75 g KH

1 Den Flammkuchenteig nach Grundrezept zubereiten und kurz ruhen lassen. Den Backofen samt Backblech auf 250° vorheizen.

2 Inzwischen den Quark mit Crème fraîche und Eigelb glatt rühren. Mit Salz, Pfeffer und Muskat würzen. Die Zwiebel schälen und in sehr dünne Ringe schneiden oder hobeln.

3 Den Teig vierteln und nacheinander auf leicht bemehltem Backpapier dünn ausrollen. Die anderen Teigstücke dabei abgedeckt lassen, damit sie nicht austrocknen und elastisch bleiben. Den ausgerollten Teig dünn mit einem Viertel der Creme bestreichen. Mit je einem Viertel der Zwiebelringe und Speckwürfel belegen.

4 Flammkuchen samt Backpapier auf das heiße Backblech ziehen und 12 Min. backen. In Stücke schneiden und sofort servieren.

TIPP

Für einen vegetarischen Flammkuchen statt dem Speck 150 g klein gewürfelten Räuchertofu oder 75 g gehackte Walnusskerne auf dem Flammkuchen verteilen.

FOCACCIA VOM BLECH

250 g Mehl (Type 00 oder 550) | 10 g frische Hefe | 1 TL Zucker | 1 TL + 3 EL Olivenöl | Salz | 1 Zweig Rosmarin | 25 g schwarze, entsteinte Oliven (aus dem Glas) | 50 g Cocktailtomaten | 1 Handvoll Basilikumblätter | 1 rote Zwiebel | ½ TL Fenchelsamen | 25 g geräucherter Schinkenspeck in Würfeln | Mehl zum Arbeiten

Vier auf einen Streich

Für 1 Blech (16 Stücke) | 35 Min. Zubereitung | 1½ Std. Ruhen | 15 Min. Backen
Pro Stück ca. 85 kcal, 2 g E, 3 g F, 12 g KH

1 Mehl in eine Schüssel geben. Hefe in 150 ml lauwarmem Wasser auflösen und mit Zucker, 1 TL Öl und 1 TL Salz zum Mehl geben. Alles mit dem Handrührer zu einem glatten Teig verkneten. Mit den Händen weitere 10–15 Min. kneten. Abgedeckt an einem warmen Ort 1 Std. gehen lassen.

2 Inzwischen den Rosmarin waschen, trocken schütteln und die Nadeln abzupfen. Die Oliven in Ringe schneiden. Die Tomaten waschen, trocken tupfen und halbieren. Basilikumblätter waschen und trocken schütteln. Die Zwiebel schälen und in dünne Ringe schneiden.

3 Teig auf einem leicht bemehlten Stück Backpapier zum Rechteck (30 × 26 cm) ausrollen und auf ein Blech ziehen. Je ein Viertel des Teiges mit Rosmarin und Oliven, Tomaten und Basilikum, Zwiebel und Fenchelsamen sowie Speckwürfeln belegen. Abgedeckt weitere 20–30 Min. gehen lassen.

4 Backofen auf 200° vorheizen. Focaccia mit 3 EL Öl beträufeln und im vorgeheizten Ofen 12–15 Min. backen. Mit einem Geschirrtuch bedeckt abkühlen lassen.

HESSISCHER SCHMANDKUCHEN

Basis für das Traditionsrezept aus Mittelhessen ist ein herrlich würziger Brotteig, der mit einem Belag aus Kartoffeln, Quark und Schmand getoppt wird.

300 g Brotbackmischung für Bauernbrot (mit Hefe und Sauerteig; 70 % Weizenmehl, 20 % Roggenmehl)
500 g vorwiegend festkochende Kartoffeln
250 g Magerquark
2 Eier
1 EL + 1 TL Mehl
3 EL Öl
3 EL Milch
Salz
250 g Schmand
200 g Mettenden (westfälische geräucherte Mettwürste; ersatzweise Cabanossi)
Außerdem:
Mehl zum Arbeiten

Rustikaler Genuss

Für 1 Blech (24 Stücke) |
50 Min. Zubereitung |
50 Min. Ruhen |
30 Min. Backen
Pro Stück ca. 125 kcal,
5 g E, 7 g F, 11 g KH

1 Die Brotbackmischung in eine Rührschüssel geben und nach Packungsanweisung mit 200 ml lauwarmem Wasser mit den Knethaken des Handrührgerätes verkneten, bis sich der Teig vom Schüsselboden löst. Mit Frischhaltefolie abdecken und den Teig 40–50 Min. gehen lassen.

2 Inzwischen die Kartoffeln gründlich waschen und mit Wasser bedeckt 20 Min. garen, bis sie sich leicht einstechen lassen. Die Kartoffeln abgießen, abschrecken, kurz abkühlen lassen und pellen. Grob raspeln. Den Quark mit 1 Ei, 1 EL Mehl, 2 EL Öl und Milch glatt rühren. Mit Salz würzen. Kartoffelraspel unterheben.

3 Den Backofen auf 200° vorheizen. Den Teig noch einmal kurz durchkneten und auf wenig Mehl zu einem Rechteck (36 × 39 cm) ausrollen. Auf das Backblech legen und bis an den Rand drücken.

4 Die Kartoffelmasse gleichmäßig auf dem Teig verteilen. Den Schmand mit 1 Ei, 1 EL Öl, und 1 TL Mehl verrühren. Leicht salzen. Auf dem Kartoffelbelag verteilen. Die Mettenden in dünne Scheiben schneiden und gleichmäßig auf dem Kuchen verteilen. Im vorgeheizten Ofen 30 Min. backen und warm servieren.

GEMÜSE-QUICHE

200 g Dinkelmehl | Salz | 4 Eier | 100 g kalte Butter | 4 Möhren (350 g) | 3 Zucchini (600 g) | 250 g saure Sahne | 125 ml Milch | 2 EL Speisestärke | Pfeffer | frisch geriebene Muskatnuss | 2 EL Semmelbrösel

Augenweide

Für 1 Spring- oder Tarteform von 24 cm ⌀ (8 Stücke) | 40 Min. Zubereitung | 45 Min. Ruhen | 1 Std. Backen
Pro Stück ca. 365 kcal, 10 g E, 24 g F, 25 g KH

1 Mehl mit 1 TL Salz mischen. 1 Ei trennen. Mehl mit Butter in Stücken, Eigelb und 2 EL kaltem Wasser rasch zu einem Teig verkneten. Zwischen zwei Lagen Backpapier rund (28 cm ⌀) ausrollen.

2 Die Tarteform mit dem Teig auslegen, den Rand andrücken. Das obere Backpapier entfernen und den Teigboden mit einer Gabel einstechen. Mindestens 30 Min. kalt stellen.

3 Inzwischen Gemüse putzen und waschen. Möhren schälen. Von Möhren und Zucchini mit einem Sparschäler der Länge nach möglichst breite hauchdünne Streifen abziehen. Für den Guss übrige Eier, Eiweiß, saure Sahne, Milch und Stärke glatt rühren. Mit Salz, Pfeffer und Muskat würzen.

4 Backofen auf 200° vorheizen. Tarteboden mit Semmelbröseln bestreuen. Von der Mitte her beginnend Gemüsestreifen abwechselnd eng spiralförmig auf den Teig stellen. Guss vorsichtig darübergießen. Die Tarte im vorgeheizten Ofen auf unterster Schiene 50–60 Min. backen. 15 Min. ruhen lassen, dann aus der Form lösen.

SPINAT-FETA-STRUDEL

250 g Mehl (Type 405) | Salz | 4 EL Öl | 1 Stange Lauch | 2 Möhren | 100 g Knollensellerie | 450 g TK-Blattspinat | Pfeffer | frisch geriebene Muskatnuss | 200 g Feta | 50 g Butter | 3 EL Semmelbrösel | Mehl zum Arbeiten

Veggie vom Feinsten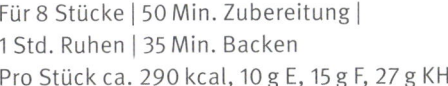

Für 8 Stücke | 50 Min. Zubereitung |
1 Std. Ruhen | 35 Min. Backen
Pro Stück ca. 290 kcal, 10 g E, 15 g F, 27 g KH

1 Mehl, ½ TL Salz, 3 EL Öl und 120 ml lauwarmes Wasser zu einem geschmeidigen Teig verkneten. Teig von Hand weitere 10 Min. durchkneten, dabei immer wieder auf die Arbeitsfläche schlagen. In Frischhaltefolie wickeln und 1 Std. ruhen lassen.

2 Inzwischen Gemüse putzen und waschen. Lauch längs halbieren, gründlich zwischen den Blättern waschen und quer in Streifen schneiden. Möhren und Sellerie schälen und würfeln. Das Gemüse in 1 EL Öl 5 Min. andünsten. Den gefrorenen Spinat und 2–3 EL Wasser zugeben. Zugedeckt 8 Min. garen, dabei ab und zu umrühren. Mit Salz, Pfeffer und Muskat würzen. Feta dazubröseln.

3 Backofen auf 200° vorheizen. Teig auf einem bemehlten Geschirrtuch ausrollen und über den Handrücken zu einem 45 × 60 cm großen Rechteck ausziehen. Butter schmelzen, dünn auf den Teig streichen. Auf ⅔ der Fläche Semmelbrösel streuen. Füllung darauf verteilen. Teig links und rechts einschlagen, Strudel aufrollen und auf ein Backblech legen (Naht unten). Mit der restlichen Butter einpinseln. Im vorgeheizten Ofen 30–35 Min. backen.

DIE RAFFINIERTEN

Alles andere als gewöhnlich kommen diese Ofen-Hits daher. Da wird aus der Pizza ein pikantes Ziehharmonikabrot oder statt Hefeteig wird ein glutenfreier Kichererbsenfladen nach Pizza-Art belegt. Wer gerne Neues probiert oder seine Gäste mit Außergewöhnlichem überrascht, findet hier garantiert ein paar Lieblinge.

FENCHEL-GARNELEN-TARTE

Kartoffeln machen den Mürbeteig auf leichte Art schön saftig. So bildet er die perfekte Unterlage für die raffinierte Füllung aus Fenchel und Garnelen.

Für den Teig:
250 g mehligkochende Kartoffeln
Salz
80 g Butter
250 g Mehl (Type 550)
1 Ei
Für den Belag:
2 mittelgroße Fenchel-
knollen (500 g)
1 Stange Lauch
1 EL Öl
Salz | Pfeffer
1 TL Honig
250 g küchenfertige Garnelen
(roh; ohne Schale und entdarmt)
100 g Crème fraîche
1 Eigelb
abgeriebene Schale von ½ Bio-
Zitrone
Außerdem:
Mehl zum Arbeiten

Köstlichkeit aus Frankreich

Für 8 Stücke |
50 Min. Zubereitung |
35 Min. Backen
Pro Stück ca. 320 kcal,
12 g E, 16 g F, 32 g KH

1 Die Kartoffeln waschen und in kochendem Salzwasser 20 Min. garen, bis sie weich sind.

2 Inzwischen den Fenchel putzen, waschen, längs halbieren und quer in feine Streifen schneiden. Das Fenchelgrün fein hacken. Den Lauch längs halbieren, gründlich zwischen den Blättern waschen und in Streifen schneiden. Das Öl in einer großen Pfanne erhitzen. Die Lauchstreifen darin andünsten, den Fenchel zugeben und beides 5 Min. unter Wenden andünsten. Das Fenchelgrün zum Gemüse geben. Mit 1 TL Salz, Pfeffer und Honig abschmecken, abkühlen lassen.

3 Die Kartoffeln abgießen, abschrecken, pellen und fein reiben. Butter untermischen. Mehl mit Ei, Salz und Kartoffel-Mix zu einem glatten Teig verkneten. Auf etwas Mehl rund (38 cm ∅) ausrollen. Dabei sollte der Teig am Rand etwas dünner sein als in der Mitte.

4 Backofen auf 200° vorheizen. Garnelen abspülen und trocken tupfen. Gemüse auf dem Teig verteilen, dabei rundherum einen 6 cm breiten Rand lassen. Garnelen auf dem Gemüse verteilen.

5 Crème fraîche, Eigelb und Zitronenschale glatt rühren, mit Salz und Pfeffer würzen. Gleichmäßig über den Belag gießen. Teigränder bis zur Füllung hin einschlagen, sodass ein Rand entsteht. Tarte auf einem mit Backpapier belegten Backblech im vorgeheizten Ofen 35 Min. backen. Warm servieren.

FLAMMKUCHEN MIT ROTER BETE

1 Rezeptmenge Flammkuchenteig (siehe S. 7) | 200 g Magerquark | 100 g Crème fraîche | 1 Eigelb | 3 TL geriebener Meerrettich (aus dem Glas) | Salz | Pfeffer | 400 g gekochte Rote Bete (vakuumiert) | 75 g Walnüsse | 5 Zweige Thymian | 4 TL Honig | 1 Handvoll Feldsalat | frischer Meerrettich (nach Belieben) | Mehl zum Arbeiten

Herbst-Star

Für 4 Stück | 30 Min. Zubereitung |
45 Min. Backen
Pro Stück ca. 770 kcal, 25 g E, 35 g F, 86 g KH

1   Den Teig nach Grundrezept zubereiten und kurz ruhen lassen. Backofen samt Backblech auf 250° vorheizen. Quark mit Crème fraîche, Eigelb und Meerrettich glatt rühren, salzen und pfeffern. Rote Bete in dünne Scheiben hobeln oder schneiden.

Nüsse hacken. Thymian waschen, trocken schütteln und die Blättchen von den Zweigen zupfen.

2   Teig vierteln und nacheinander auf leicht bemehltem Backpapier dünn ausrollen. Jeden Boden mit der Creme bestreichen und mit Thymian bestreuen. Gleichmäßig mit Rote-Bete-Scheiben belegen. Mit je 1 TL Honig beträufeln.

3   Flammkuchen samt Backpapier nacheinander auf das heiße Backblech ziehen und im vorgeheizten Ofen je 10 Min. backen. Mit den Walnüssen bestreuen und weitere 2–3 Min. backen. Inzwischen Feldsalat waschen, gut trocken schütteln. Flammkuchen mit je einem Viertel des Salates bestreuen, nach Belieben noch mit Spänen von frischem Meerrettich garnieren und sofort servieren.

GARLIC-CHEESE-MONKEY-BREAD

1 Rezeptmenge 24-Stunden-Pizzateig (siehe S. 6) | 3 Knoblauchzehen | ½ Bund glatte Petersilie | 60 g Butter | Salz | 2 Kugeln Mozzarella (à 125 g) | Fett und Mehl für die Form | 1 Gugelhupfform

»Affenbrot« zum Abzupfen

Für 1 Gugelhupfform mit 25 cm ⌀ (20 Stücke) | 45 Min. Zubereitung | 25 Std. Ruhen | 45 Min. Backen
Pro Stück ca. 145 kcal, 5 g E, 6 g F, 18 g KH

1 Teig nach Grundrezept zubereiten, gehen und Zimmertemperatur annehmen lassen. Knoblauch schälen. Petersilie waschen, trocken schütteln und fein hacken. Die Butter in einen kleinen Topf geben und bei kleiner Hitze schmelzen lassen. Den Knoblauch zur Butter pressen und mit der gehackten Petersilie und ½ TL Salz unterrühren.

2 Mozzarella in 1 cm große Würfel schneiden. Den Teig noch einmal kurz durchkneten und in 20 golfballgroße Stücke teilen. Die Teigstücke flach drücken und je 1 Käsewürfel daraufgeben. Den Teig darüberfalten und zu einer Kugel formen. In die geschmolzene Butter tauchen und in eine gefettete und bemehlte Gugelhupfform legen. Abgedeckt an einem warmen Ort 45 Min. gehen lassen.

3 Backofen auf 180° vorheizen. Monkey Bread auf der zweiten Schiene von unten 40–45 Min. backen. In der Form 15 Min. abkühlen lassen, dann auf ein Kuchengitter stürzen und noch warm servieren.

TIPP

Für Garlic-Cheese-Bombs die gefüllten Teigkugeln auf ein mit Backpapier belegtes Backblech legen und bei 200° 12–15 Min. backen. Sofort mit der Butter einpinseln.

PIZZA-ZIEHHARMONIKABROT

Hier kann sich jeder eine Scheibe abzupfen, denn die würzig bestrichenen Teigquadrate werden ganz praktisch in die Form gestapelt: unwiderstehlich gut und reicht gleich für Viele.

1 Rezeptmenge 24-Stunden-
Pizzateig (siehe S. 6)
1 Zwiebel
1 Knoblauchzehe
1 EL Olivenöl
1 TL Oregano
½ Dose stückige
Tomaten (200 g)
Salz | Pfeffer
2 EL Ajvar (pikante
Paprikapaste)
80 g scharfe Salami
125 g geriebener Gouda
Außerdem:
Mehl zum Arbeiten
Fett für die Form
1 Kastenform (30 cm)

Party-Hit

Für 18 Stücke |
50 Min. Zubereitung |
24 ½ Std. Ruhen |
45 Min. Backen
Pro Stück ca. 135 kcal,
6 g E, 3 g F, 21 g KH

1 Den Teig nach Grundrezept zubereiten, gehen und Zimmertemperatur annehmen lassen. Inzwischen Zwiebel und Knoblauch schälen und fein würfeln. Das Öl in einem weiten Topf erhitzen. Die Zwiebel darin andünsten. Knoblauch und Oregano zugeben. Tomaten angießen und aufkochen. Mit Salz, Pfeffer und Ajvar würzen und unter Rühren 10 Min. köcheln lassen, bis die Sauce dicklich wird. Sie darf nicht zu flüssig sein.

2 Die Salami klein würfeln und unter die Sauce rühren. Die Kastenform gründlich fetten und mit Mehl ausstäuben. Den Teig kurz durchkneten und auf bemehlter Arbeitsfläche zu einem Quadrat (50 × 50 cm) ausrollen. Teigplatte sowohl längs als auch quer in je sechs 8 cm breite Streifen schneiden, sodass 36 Quadrate à 8 × 8 cm entstehen (Bild 1).

3 Jedes Quadrat mit etwas Sauce bestreichen und mit etwas Reibekäse bestreuen (Bild 2). Kastenform hochkant stellen. Die Quadrate nacheinander in die Form schichten (Bild 3). Sind alle Quadrate eingeschichtet, die Form waagerecht stellen und die Teigstücke etwas auseinander ziehen, sodass die Form ausgefüllt ist. Abgedeckt an einem warmen Ort 30 Min. gehen lassen.

4 Den Backofen auf 200° vorheizen. Das Ziehharmonikabrot auf der zweiten Schiene von unten 40–45 Min. backen. Am Ende eventuell abdecken. Das fertige Brot in der Form 20 Min. abkühlen lassen, dann vom Rand lösen und vorsichtig stürzen. Warm oder kalt servieren.

AMERICAN PIZZA

»Think big« ist bei dieser Pizzavariante mit Käse im Rand, rauchiger Tomatensauce und saftigen Steakstreifen das Motto. Wetten, dass das alle »great« finden?

1 Rezeptmenge 24-Stunden-
Pizzateig (siehe S. 6)
½ Dose stückige
Tomaten (200 g)
5 EL BBQ-Sauce
Salz | Pfeffer
1 kleine rote Zwiebel
½ grüne Paprikaschote
1 kleine Dose Mais (140 g Ab-
tropfgewicht)
1 Kugel Mozzarella (125 g)
300 g Schmelzkäse Sahne
175 g geriebener Emmentaler
1 Eiweiß
250 g Rinderhüftsteak
1 EL Olivenöl
Außerdem:
Mehl zum Arbeiten

Mit Überraschung im Rand

Für 4 Stück |
55 Min. Zubereitung |
24 Std. Ruhen |
55 Min. Backen
Pro Stück ca. 1110 kcal,
57 g E, 53 g F, 102 g KH

1 Den Teig nach Grundrezept zubereiten, gehen und Zimmertemperatur annehmen lassen. Inzwischen die Tomaten mit der BBQ-Sauce aufkochen und in 5 Min. etwas einkochen lassen. Mit Salz und Pfeffer würzen. Die Zwiebel schälen und in feine Ringe schneiden. Die Paprikaschote halbieren, weiße Trennwände und Kerne entfernen, die Hälften waschen und in schmale Streifen scheiden. Den Mais abtropfen lassen. Den Mozzarella in dünne Scheiben schneiden.

2 Den Backofen samt Backblech oder Pizzastein auf 250° vorheizen. Den Teig vierteln und jeweils auf einem Stück leicht bemehltem Backpapier rund (30 cm Ø) ausdrücken oder ausrollen. Ein Viertel des Schmelzkäses auf dem Rand jeder Pizza verteilen, den geriebenen Käse gleichmäßig daraufstreuen. Eiweiß leicht verquirlen und da, wo die Käsefüllung endet, rundherum auf den Teig pinseln. Teigrand über die Füllung ziehen, erst mit den Händen, dann mit einer Gabel rundherum sorgfältig andrücken.

3 Sauce auf der Pizza verstreichen. Mit Zwiebel, Paprika, Mais und Mozzarella belegen. Pizzas samt Backpapier nacheinander auf das heiße Backblech ziehen und je 13 Min. backen. Inzwischen Hüftsteak trocken tupfen, salzen und pfeffern. Im heißen Öl in einer Pfanne pro Seite in 3–4 Min. medium braten. Steak mit einem Teller abdecken und 5 Min. ruhen lassen, dann quer in schmale Scheiben schneiden. Fertige Pizza mit einem Viertel der Steakstreifen belegen. Restliche Pizzas ebenso zubereiten.

TORTANO

Mit diesem herzhaft gefüllten Brotring als Begleiter zum nächsten Picknick oder zur nächsten Grillparty setzen Sie leckere Trends. Denn Kräuterbutter-Baguette ist ja so was von gestern!

1 Rezeptmenge 24-Stunden-Pizzateig (siehe S. 6)
2 Zucchini (400 g)
1 Zwiebel
1 Knoblauchzehe
75 g getrocknete Tomaten in Öl
75 g schwarze, entsteinte Oliven in Scheiben (aus dem Glas)
Salz | Pfeffer
1 TL getrockneter Oregano
½ Bund Basilikum
1 Kugel Mozzarella (125 g)
200 g Ziegengouda
Außerdem:
Mehl zum Arbeiten

Toll zum Mitnehmen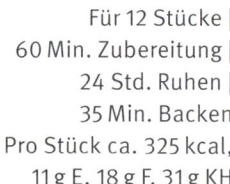

Für 12 Stücke |
60 Min. Zubereitung |
24 Std. Ruhen |
35 Min. Backen
Pro Stück ca. 325 kcal,
11 g E, 18 g F, 31 g KH

1 Den Teig nach Grundrezept zubereiten, gehen und Zimmertemperatur annehmen lassen. Inzwischen die Zucchini waschen, putzen und klein würfeln. Die Zwiebel und den Knoblauch schälen und fein würfeln. Die Tomaten und die Oliven abtropfen lassen. 3 EL vom Tomatenöl dabei auffangen. 1 EL davon in einer Pfanne erhitzen. Die Zwiebel darin andünsten. Die Zucchini und den Knoblauch zugeben und unter Wenden 5 Min. andünsten. Mit Salz, Pfeffer und Oregano würzen. Die getrockneten Tomaten klein würfeln und mit den Oliven untermischen. Abkühlen lassen.

2 Den Backofen samt Backblech auf 250° vorheizen. Basilikum waschen, trocken schütteln und die Blättchen von den Stielen zupfen. Mozzarella klein würfeln, Gouda reiben.

3 Den Teig kurz durchkneten und auf einem leicht bemehlten Stück Backpapier zu einem länglichen Rechteck (60 × 30 cm) ausrollen. Zucchini-Mischung entlang der langen Seite auf das untere Drittel der Teigplatte verteilen. Erst mit Basilikum, dann mit Mozzarella belegen und mit Gouda bestreuen. Teigränder mit Wasser bestreichen. Teig von der belegten Längsseite aus aufrollen, Enden zusammendrücken. Rolle auf die Nahtseite legen und zum Kranz formen. Enden gut zusammendrücken. Mithilfe des Backpapiers auf das heiße Backblech ziehen.

4 Tortano mit etwas Mehl bestäuben und mit 2 EL Tomatenöl beträufeln. In den vorgeheizten Ofen schieben, Ofentemperatur sofort auf 200° reduzieren und den Kranz 35 Min. backen.

BLUMENKOHL-PIZZA

1 Blumenkohl (750 g) | 1 Ei | 1 EL Mandelmehl (ersatzweise gemahlene Mandeln ohne Haut) | 50 g geriebener Gouda | Salz | 4 EL stückige Tomaten (aus der Dose) | Pfeffer | 4 Stiele Basilikum | 4 Scheiben gekochter Schinken | 2 Kugeln Mozzarella (à 125 g) | 75 g Champignons

Low-Carb-Hit

Für 4 Stück | 35 Min. Zubereitung | 50 Min. Backen
Pro Stück ca. 285 kcal, 27 g E, 18 g F, 4 g KH

1 Backofen auf 200° vorheizen. Blumenkohl putzen, waschen und in kleine Röschen teilen. Die Röschen portionsweise im Blitzhacker oder auf der Rohkostreibe auf Reiskorngröße zerkleinern. Auf ein Backblech legen und 10 Min. backen. Abkühlen lassen, auf ein sauberes Geschirrtuch geben und kräftig ausdrücken.

2 Blumenkohl mit Ei, Mandeln und Reibekäse mischen, salzen. 2 Backbleche mit Backpapier auslegen. Masse darauf zu vier runden Böden (18 cm Ø) formen. Blechweise nacheinander im vorgeheizten Ofen 12 Min. vorbacken.

3 Inzwischen Tomaten mit Salz und Pfeffer würzen. Basilikum waschen, trocken schütteln und die Blättchen von 3 Stielen zupfen und fein hacken. Unter die Tomaten rühren. Den Schinken in Stücke schneiden. Mozzarella in dünne Scheiben schneiden. Die Pilze säubern, putzen und in dünne Scheiben schneiden. Böden mit Tomaten bestreichen und mit den vorbereiteten Zutaten belegen. Weitere 12 Min. backen. Mit dem restlichen Basilikum garnieren und servieren.

PIZZA-MUFFINS

1 Rezeptmenge 24-Stunden-Pizzateig (siehe S. 6) | 120 g geräucherten Schinkenspeck in Würfeln | evtl. 1–2 TL + 1 EL Öl | 1 Dose stückige Tomaten (400 g) | 1 TL Oregano | Salz | Pfeffer | 1 Prise Zucker | 1 Zwiebel | 500 g Baby-Blatt-spinat | 50 g Parmesan | 100 g Schmand | frisch geriebene Muskatnuss | 3 EL Semmel-brösel | Öl für die Form | 1 Muffinblech

Herzhafte Minis

Für 12 Stück | 50 Min. Zubereitung |
24 Std. Ruhen | 20 Min. Backen
Pro Stück ca. 235 kcal, 10 g E, 7 g F, 33 g KH

1 Teig nach Grundrezept zubereiten, gehen und Zimmertemperatur annehmen lassen. Speckwürfel auslassen, bei Bedarf etwas Öl zugeben. Tomaten zugeben, aufkochen, mit Oregano, Salz, Pfeffer und Zucker würzen, 10 Min. einkochen lassen.

2 Zwiebel schälen und würfeln. Spinat waschen und verlesen. Die Zwiebel in 1 EL Öl andünsten. Spinat zugeben und in 3 Min. zusammenfallen lassen, auf ein sauberes Geschirrtuch geben, kräftig ausdrücken. Parmesan reiben, mit Spinat und Schmand mischen. Mit Salz, Pfeffer und Muskat würzen und unter die Tomatensauce rühren.

3 Backofen auf 225° vorheizen. Backpapier in zwölf 2 × 15 cm lange Streifen schneiden. Muffin-form fetten und in jede Mulde einen Backpapier-streifen legen, sodass er an zwei Seiten übersteht.

4 Teig in zwölf Portionen teilen und zu Quadraten (12 × 12 cm) ausrollen. Die Quadrate nacheinander in die Mulden legen, mit Semmelbröseln be-streuen, mit Sauce füllen und die Teigecken über die Füllung schlagen. Im Ofen 20 Min. backen.

PIZZA-TORTE MIT HÄHNCHENFILET

Hier wird hoch gestapelt, aber trotzdem nicht übertrieben: Denn dieser Turm aus Pizzaböden, Hähnchenfilet und Baconsauce ist wirklich so umwerfend, wie er aussieht!

Für den Teig:
600 g Mehl (Type 00 oder 550)
Salz
½ Würfel Hefe (21 g)
50 ml + 4 TL + 1 EL Olivenöl
Für das Fleisch:
800 g Hähnchenfilet
2 TL edelsüßes Paprikapulver
1 TL rosenscharfes Paprikapulver
1 TL Pfeffer
5 EL Öl
Für die Sauce:
2 Zwiebeln
100 g Bacon in Scheiben
3 EL brauner Zucker
1 EL Tomatenmark
25 ml Aceto balsamico
1 Dose stückige Tomaten (400 g)
Salz | Pfeffer
Für den Belag:
2 Kugeln Mozzarella (à 125 g)
150 g geriebener Gouda
3 Stiele Basilikum
Außerdem:
Mehl zum Arbeiten

Hochstapler für Viele

Für 12 Stücke |
1½ Std. Zubereitung |
1 Std. Ruhen |
1 Std. Backen
Pro Stück ca. 475 kcal,
30 g E, 21 g F, 41 g KH

1 Für den Teig das Mehl mit 2 TL Salz mischen. Die Hefe in 275 ml lauwarmem Wasser auflösen. Die Hefemischung mit 50 ml Olivenöl zum Mehl geben und zu einem glatten Teig verkneten. 10 Min. kneten, dann abgedeckt an einem warmen Ort 1 Std. gehen lassen, bis der Teig sein Volumen verdoppelt hat.

2 Inzwischen das Fleisch klein würfeln. Mit Paprikapulver, Pfeffer und 5 EL Öl mischen, abdecken. Für die Sauce die Zwiebeln schälen und würfeln. Bacon in Streifen schneiden und in einer Pfanne auslassen. Zwiebeln zugeben und andünsten. Mit Zucker bestreuen und kurz karamellisieren. Tomatenmark einrühren. Balsamico, Tomaten und 1–2 EL Wasser angießen. Aufkochen und 20 Min. köcheln lassen, bis die Sauce eine marmeladenähnliche Konsistenz hat. Mit Salz und Pfeffer würzen.

3 Backofen auf 225° vorheizen. Das Fleisch in einer Pfanne ohne Fett rundherum kräftig anbraten. Den Teig in fünf Portionen teilen. Dabei sollte eine Portion 50 g schwerer sein als die anderen. Die vier leichteren Portionen jeweils auf bemehltem Backpapier rund (24 cm ⌀) ausrollen. Die Böden mit je 1 TL Olivenöl einstreichen, mit einer Gabel mehrmals einstechen. Nacheinander auf ein Backblech ziehen und 8 Min. vorbacken. Inzwischen Mozzarella reiben und mit Gouda mischen.

4 1 Boden auf ein mit Backpapier belegtes Backblech legen. Mit 2–3 EL der Sauce bestreichen und mit je einem Viertel des Fleisches und der Käsemischung belegen. Übrige Böden und Zutaten ebenso einschichten, dabei mit Belag enden. Übrigen Teig halbieren und auf etwas Mehl zu zwei je 10 × 40 cm langen Streifen ausrollen. Streifen als Rand um die Torte herumlegen und gut andrücken. Tortenrand mit 1 EL Olivenöl bestreichen. Im vorgeheizten Ofen auf der zweiten Schiene von unten 30 Min. backen, dabei nach 20 Min. mit Backpapier abdecken. 15 Min. abkühlen lassen. Basilikum waschen, trocken schütteln, Blättchen abzupfen und aufstreuen. Die Pizzatorte warm servieren.

PIZZA GORGONZOLA-FEIGE

1 Rezeptmenge 24-Stunden-Pizzateig (siehe S. 6) | 100 g Crème fraîche | 150 g Gorgonzola | evtl. 2 EL Milch | Salz | Pfeffer | 2 Zweige Rosmarin | 4 Feigen | Mehl zum Arbeiten

Raffiniert kombiniert

Für 4 Stück | 30 Min. Zubereitung |
24 Std. Ruhen | 50 Min. Backen
Pro Stück ca. 695 kcal, 22 g E, 26 g F, 94 g KH

1 Den Teig nach Grundrezept zubereiten, gehen und Zimmertemperatur annehmen lassen. Inzwischen Crème fraîche mit der Hälfte des Gorgonzolas glatt pürieren. Ist die entstehende Creme zu fest, noch etwas Milch untermixen. Mit wenig Salz und Pfeffer würzen.

2 Den Rosmarin waschen, trocken schütteln und die Nadeln von den Stielen zupfen. Die Feigen waschen und vorsichtig mit Küchenpapier trocken reiben. In dünne Scheiben schneiden.

3 Den Backofen samt Backblech oder Pizzastein auf 250° vorheizen. Den Teig auf je einem leicht bemehlten Stück Backpapier zu vier runden Pizzaböden formen, den Rand rundherum etwas dicker lassen. Die Böden nach und nach mit je einem Viertel der Gorgonzolacreme, des Rosmarins und der Feigen belegen und je ein Viertel des übrigen Gorgonzolas darüberbröseln.

4 Die Pizzas samt Backpapier nacheinander auf das heiße Backblech ziehen und je 12 Min. backen. Sofort servieren.

SPARGEL-LACHS-FLAMMKUCHEN

1 Rezeptmenge Flammkuchenteig (siehe S. 7) | 200 g Magerquark | 100 g Crème fraîche | 1 Eigelb | 3 TL Wasabipaste (japanischer grüner Meerrettich; ersatzweise Meerrettich) | Salz | Pfeffer | 500 g grüner Spargel | ½ Bund Dill | 2 EL Olivenöl | ½ TL abgeriebene Schale von 1 Bio-Zitrone | 200 g Räucherlachs in Scheiben | Mehl zum Arbeiten

Feiner Frühlingsbote

Für 4 Stück | 35 Min. Zubereitung |
50 Min. Backen
Pro Stück ca. 795 kcal, 36 g E, 37 g F, 78 g KH

1 Teig nach Grundrezept zubereiten und ruhen lassen. Backofen samt Blech auf 250° vorheizen.

2 Inzwischen den Quark mit Crème fraîche, Eigelb und Wasabi glatt rühren. Mit Salz und Pfeffer wür-zen. Die Spargelstangen waschen, im unteren Drittel schälen und die Enden entfernen. Stangen schräg in ½ cm dicke Scheiben schneiden. Dill waschen, trocken schütteln und die Spitzen fein hacken. Mit Öl und Zitronenschale mischen, salzen.

3 Den Teig vierteln und nacheinander auf je einem leicht bemehlten Stück Backpapier dünn ausrollen. Die anderen Teigstücke dabei abgedeckt lassen, damit sie nicht austrocknen.

4 Den ausgerollten Teig dünn mit einem Viertel der Creme bestreichen. Mit je einem Viertel des Spargels belegen. Samt Backpapier auf das heiße Backblech ziehen und im vorgeheizten Ofen 12 Min. backen. Fertige Flammkuchen mit je einem Viertel der Lachsscheiben belegen, mit Dillöl beträufeln, in Stücke schneiden und sofort servieren.

SOCCA-PIZZA MIT ZUCCHINI

Socca ist eine südfranzösische Fladenbrot-Spezialität aus Kichererbsenmehl, die hier als Pizzaboden dient und nicht nur diejenigen überzeugt, die kein Gluten vertragen.

Für den Teig:
300 g Kichererbsenmehl
Salz
Für den Belag:
1 kleiner Zucchino
50 g getrocknete Tomaten in Öl
2 Kugeln Mozzarella (à 125 g)
4 TL Öl zum Braten
Salz | Pfeffer
1 Avocado
2 TL Zitronensaft
½ Bund Basilikum

Glutenfreies aus Frankreich 🌿

Für 4 Stück |
50 Min. Zubereitung |
1 Std. Ruhen |
20 Min. Backen
Pro Stück ca. 685 kcal,
30 g E, 42 g F, 45 g KH

1 Für den Teig das Mehl mit 1 gehäuften TL Salz mischen. 350 ml Wasser mit einem Schneebesen gut unterrühren. Die Masse 1 Std. stehen lassen, damit das Mehl aufquellen kann.

2 Inzwischen für den Belag Zucchino waschen, putzen und mit einem Julienne- oder Spiralschneider in dünne Streifen schneiden. Die Tomaten abtropfen lassen, dabei 2 EL des Öls auffangen. Tomaten in schmale Streifen schneiden. Mozzarella in dünne Scheiben schneiden.

3 Den Backofen auf 200° vorheizen. 1 TL Öl in einer beschichteten Pfanne erhitzen. Ein Viertel der Masse hineingeben und mit einem Löffel zu einem Fladen von 22 cm Durchmesser ausstreichen. 5 Min. braten. Zum Umdrehen einen großen Topfdeckel auf die Pfanne legen, Pfanne umdrehen. Socca vom Deckel in die Pfanne gleiten lassen und weitere 4–5 Min. braten. Auf ein mit Backpapier belegtes Backofengitter legen. Den restlichen Teig zu drei weiteren Böden braten. Je zwei Böden auf ein Gitter legen und mit je ½ TL Tomatenöl beträufeln.

4 Die Böden mit je einem Viertel des Mozzarellas belegen. Darauf je ein Viertel der Tomaten und Zucchini verteilen, mit Salz und Pfeffer würzen. Soccas nacheinander je 10 Min. backen. Am Ende jeweils den Backofengrill einschalten und die Soccas 2–3 Min. unter dem Grill zu Ende garen. Während die Böden backen, die Avocado halbieren, entsteinen, schälen und würfeln. Mit Zitronensaft beträufeln. Basilikum waschen, trocken schütteln und die Blättchen von den Stielen zupfen. Avocado und Basilikum auf den Soccas verteilen, sofort servieren.

DIE SCHNELLEN

Manchmal muss es im Alltag ein bisschen rasanter zugehen und es ist keine Zeit, um den Pizzateig lange gehen zu lassen oder den Flammkuchenteig selbst zu kneten. Mit diesen Rezepten können Sie Speedy Gonzales in der Küche spielen und im Handumdrehen Leckeres für Ihre Lieben auf den Tisch bringen.

SPITZKOHL-CABANOSSI-KUCHEN

Der fluffige Quark-Öl-Teig ist schnell gemacht und muss nicht aufgehen – perfekt für diesen deftigen Genuss, der zum Feierabend ebenso gut schmeckt wie zur geselligen Runde.

Für den Belag:
1 Zwiebel
1 Spitzkohl (1 kg)
1 EL Öl
1 TL scharfes geräuchertes Paprikapulver
1 TL gemahlener Kreuzkümmel
1 TL Honig
Salz | Pfeffer
120 g Cabanossi
Für den Teig:
200 g Magerquark
8 EL Öl
300 g Dinkelvollkornmehl
¾ Pck. Backpulver (12 g)
Salz
Außerdem:
Mehl zum Arbeiten

Herzhafte Gaumenfreude

Für 1 Blech (18 Stücke) |
30 Min. Zubereitung |
25 Min. Backen
Pro Stück ca. 155 kcal,
6 g E, 9 g F, 13 g KH

1 Für den Teig den Quark auf ein feines Sieb geben und ca. 15 Minuten abtropfen lassen. Für den Belag die Zwiebel schälen und fein würfeln. Den Spitzkohl waschen, vierteln und in feinen Streifen vom Strunk schneiden. Das Öl in einer großen Pfanne erhitzen. Die Zwiebel darin andünsten. Den Kohl zugeben und unter Wenden 10 Min. dünsten. Mit Paprikapulver, Kreuzkümmel, Honig, Salz und Pfeffer würzen, abkühlen lassen.

2 Backofen auf 200° vorheizen. Für den Teig den abgetropften Quark mit dem Öl in einer Rührschüssel mischen. Das Mehl mit Backpulver und 1 TL Salz in einer zweiten Schüssel mischen. Die Hälfte des Mehles zur Quarkmischung geben und unterrühren. Die zweite Hälfte zugeben und unterkneten, bis ein glatter Teig entstanden ist. Je nach Konsistenz 3–5 EL Wasser unterkneten. Den Teig auf einem leicht bemehlten Stück Backpapier zu einem Rechteck in Blechgröße ausrollen. Mitsamt Backpapier auf das Backblech ziehen und mit den Fingern bis an den Rand drücken.

3 Den Belag auf den Teig geben und gleichmäßig verteilen. Die Cabanossi pellen, in dünne Scheiben schneiden und auf dem Belag verteilen. Den Kuchen im vorgeheizten Ofen 25 Min. backen. In Stücke schneiden und warm servieren.

MINI-CALZONE MIT ANTIPASTI

50 g Parmesan | 200 g Ricotta | 1 Ei | Salz | Pfeffer | 350 g gemischte Antipasti (z. B. Paprika, Artischocken, Pilze, Tomaten; vom Italiener, aus dem Kühlregal oder aus dem Glas) | 1 Packung frischer Pizzateig mit Hefe (400 g; Kühlregal) | Öl zum Bestreichen

Veggie-Täschchen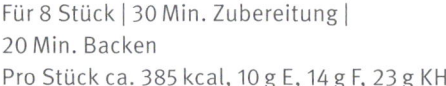

Für 8 Stück | 30 Min. Zubereitung |
20 Min. Backen
Pro Stück ca. 385 kcal, 10 g E, 14 g F, 23 g KH

1 Den Backofen auf 220° vorheizen. Parmesan fein reiben. Für die Füllung Ricotta mit Ei und Parmesan glatt rühren. Mit Salz und Pfeffer würzen. Antipasti auf ein Sieb geben, gut abtropfen lassen und mit einem Küchenpapier etwas abtupfen. Antipasti je nach Sorte und Größe in kleine Stücke schneiden. Unter die Ricottamasse mischen.

2 Den Teig entrollen und in acht Stücke à 5 × 9 cm schneiden. Die Teigstücke jeweils mit den Händen etwas breiter ziehen. Auf eine Hälfte je 1 gut gehäuften EL Füllung geben. Die andere Teighälfte diagonal darüberschlagen. Die Rändern mit den Händen zusammendrücken und mit den Fingern zu einem gut verschlossenen Rand formen.

3 Mini-Calzone auf ein mit Backpapier belegtes Backblech legen, dünn mit Öl einpinseln. Im vorgeheizten Ofen in 18–20 Min. goldbraun backen.

VARIANTE SCHINKEN-PILZ-TASCHEN
Für Schinken-Pilz-Taschen statt Antipasti 250 g Champignons klein schneiden, in 1 EL Öl kräftig anbraten und mit Salz, Pfeffer und etwas getrocknetem Thymian würzen. Mit 4 Scheiben gewürfeltem Kochschinken mischen und unter die Ricottamasse heben.

PFANNENPIZZA MIT SALAMI

6 EL stückige Tomaten (aus der Dose) | 1 EL Tomatenmark | Salz | Pfeffer | 1 TL getrockneter Oregano | 300 g gemischte Antipasti (z. B. Paprika, Artischocken, Pilze, Tomaten; vom Italiener, aus dem Kühlregal oder aus dem Glas) | 2 Kugeln Mozzarella (à 125 g) | 4 Tortillafladen | 80 g Salami in dünnen Scheiben

Schneller als jeder Pizzablitz

Für 4 Stück | 30 Min. Zubereitung
Pro Stück ca. 605 kcal, 20 g E, 20 g F, 35 g KH

1 Die Tomaten und das Tomatenmark in eine kleine Schüssel geben und glatt rühren. Mit Salz, Pfeffer und Oregano würzen. Das Antipasti-Gemüse auf ein Sieb geben, gut abtropfen lassen und mit Küchenpapier trocken tupfen. Größere Stücke in mundgerechte Happen schneiden. Den Mozzarella in dünne Scheiben schneiden.

2 1 Tortillafladen in eine beschichtete Pfanne (28 cm Ø) legen und mit einem Viertel der Tomatensauce bestreichen. Mit je einem Viertel der Salami, des Gemüses und des Mozzarellas belegen. Bei mittlerer Hitze zugedeckt 3–4 Min. garen, bis der Käse geschmolzen und der Boden knusprig ist. Herausnehmen, warm halten.

3 Die übrigen Tortillafladen ebenso belegen und backen. Sofort servieren.

TIPP

Belegen Sie die Pfannenpizza nach Lust, Laune und Vorrat wie eine normale Pizza. Backen Sie sie nicht zu heiß, sonst verbrennt der Boden, bevor der Käse geschmolzen ist.

MINI-ASIA-STRUDEL

Zwischen den knusperdünnen Teigblättern bleibt die herzhaft-würzige Füllung mit Gemüse und Fleisch nach Frühlingsrollen-Art herrlich saftig.

1 Packung Strudel-, Filo- oder
Yufkateig (10 Blätter, 250 g;
Kühlregal)
1 Zwiebel
3 EL Öl
250 g gemischtes Hackfleisch
Salz | Pfeffer
300 g TK-Asiagemüse
(ungewürzt)
3 EL süß-scharfe Chilisauce +
4 EL zum Servieren
1 TL Sesamsamen

Knuspergenuss

Für 4 Stück |
25 Min. Zubereitung |
20 Min. Backen
Pro Stück ca. 595 kcal,
23 g E, 23 g F, 44 g KH

1 Den Backofen auf 200° vorheizen. Den Teig aus dem Kühlschrank nehmen. Die Zwiebel schälen und fein würfeln. 1 EL Öl in einer Pfanne erhitze. Das Hackfleisch darin unter Wenden krümelig anbraten. Mit Salz und Pfeffer würzen. Die Zwiebel zugeben und andünsten. Das gefrorene Gemüse und 3–4 EL Wasser zugeben und zugedeckt garen, bis das Gemüse aufgetaut ist. Dabei öfter umrühren und nach Bedarf noch etwas Wasser zugeben. Chilisauce unter die Mischung rühren, salzen und pfeffern.

2 2 EL Öl und 2 EL Wasser verrühren. Den Teig vorsichtig entrollen. 2 Teigblätter quer halbieren. 1 Teigblatt auf die Arbeitsfläche legen und mit der Ölmischung einpinseln. Ein zweites Teigblatt darauf legen, ebenfalls einpinseln. Ein halbes Teigblatt in die Mitte legen. Ein Viertel der Füllung auf die untere Längsseite der Teigblätter länglich verteilen, dabei links und rechts je 3 cm Rand frei lassen. Seitliche Ränder 2–3 cm über die Füllung klappen, dann von der Längsseite relativ fest einrollen. Den fertig aufgerollten Strudel mit der Nahtseite nach unten auf ein mit Backpapier begelegtes Backblech legen.

3 Aus den restlichen Teigblättern und der übrigen Füllung drei weitere Strudel zubereiten und auf das Backblech legen. Strudel mit übriger Ölmischung einpinseln und mit Sesam bestreuen.

4 Im vorgeheizten Ofen 20 Min. goldbraun backen. Mit süß-saurer Chilisauce als Dip servieren.

PIZZA-SCHNECKEN

1 rote Spitzpaprika | 50 g Salami in Scheiben | 50 g schwarze Oliven in Scheiben (aus dem Glas) | 50 g Parmesan | 3 EL Tomatenmark | 2 TL grünes Pesto | Salz | Pfeffer | 1 Packung frischer Blätterteig (275 g; Kühlregal)

Schneller Snack

Für 12 Stück | 20 Min. Zubereitung | 15 Min. Backen
Pro Stück ca. 135 kcal, 4 g E, 9 g F, 9 g KH

1 Den Backofen auf 200° vorheizen. Die Paprikaschote halbieren, weiße Trennwände und Kerne entfernen, Hälften waschen. Paprika, Salami und Oliven in sehr kleine Würfelchen schneiden, mischen. Den Parmesan fein reiben.

2 Das Tomatenmark mit dem Pesto glatt rühren und mit Salz und Pfeffer würzen. Den Teig entrollen und mit dem Tomaten-Pesto-Mix bestreichen. Die Paprika-Salami-Oliven-Mischung darauf verteilen und mit Parmesan bestreuen.

3 Den Teig von einer kurzen Seite aus aufrollen und in zwölf 2 cm breite Scheiben schneiden. Auf ein mit Backpapier belegtes Backofengitter legen. Im heißen Ofen 15 Min. backen.

VARIANTE KNOBLAUCHSTANGEN
Für 12 Stück 2 Knoblauchzehen zu 4 EL Olivenöl pressen. Blättchen von 4 Zweigen Thymian abstreifen, unter das Öl rühren. 1 Packung frischen Blätterteig (275 g; Kühlregal) entrollen und mit dem Öl bestreichen. In zwölf 2 cm breite Streifen schneiden. Jeden Streifen drei- bis viermal in sich verdrehen. Im vorgeheizten Backofen bei 200° 12 Min. backen.

FLAMMKUCHEN-TASCHEN

1 Stange Lauch | 125 g Kassler in Scheiben | 1 EL Öl | Salz | Pfeffer | 1 TL getrockneter Majoran | 100 g Schmand | 2 TL mittelscharfer Senf | 125 g geriebener Gouda | 1 Packung Flammkuchenteig (260 g; Kühlregal)

Ganz einfach

Für 4 Stück | 25 Min. Zubereitung |
15 Min. Backen
Pro Stück ca. 355 kcal, 17 g E, 17 g F, 34 g KH

1 Den Backofen auf 225° vorheizen. Den Lauch längs halbieren, gründlich zwischen den Blättern waschen und quer in schmale Streifen schneiden. Die Kassler-Scheiben in kleine Würfel schneiden.

2 Das Öl in einer Pfanne erhitzen und den Lauch darin unter Wenden 4–5 Min. andünsten. Zum Schluss die Kassler-Würfel zugeben und kurz mit-

braten. Mit Salz, Pfeffer und Majoran würzen und etwas abkühlen lassen.

3 Den Schmand mit Senf und der Hälfte des Käses glatt rühren, mit Salz und Pfeffer würzen. Unter die Lauchmischung rühren.

4 Den Teig entrollen und vierteln, sodass vier Rechtecke à 20 × 12 cm entstehen. Füllung auf je eine Seite der Teigstücke geben. Andere Hälfte darüberklappen, Ränder festdrücken. Taschen auf ein mit Backpapier belegtes Backblech legen und mit dem übrigen Käse bestreuen. Im vorgeheizten Ofen 15–18 Min. backen.

MINI-QUICHE-LORRAINE

Mit dem hauchdünnen Yufkateig sind diese kleinen Quiches nicht nur schneller fertig als das Original, sie sind auch leichter und schön knusprig.

1 Packung Strudel-, Filo- oder
Yufkateig (10 Blätter, 250 g;
Kühlregal)
1 Stange Lauch
150 g Schinkenspeck
2 Eier
100 g Crème fraîche
100 g Sahne
Salz | Pfeffer
frisch geriebene Muskatnuss
100 g Gruyère
50 g Butter
Außerdem:
1 Muffinblech
Öl für die Form

Perfekt zu einem Glas Wein

Für 10 Stück |
30 Min. Zubereitung |
15 Min. Ruhen |
30 Min. Backen
Pro Stück ca. 270 kcal,
10 g E, 19 g F, 15 g KH

1 Den Backofen auf 180° vorheizen. Den Teig aus dem Kühl-schrank nehmen. Den Lauch längs halbieren, gründlich zwischen den Blättern waschen und quer in schmale Streifen schneiden. Den Speck klein würfeln und in einer Pfanne ohne Fett unter Wen-den auslassen. Den Lauch zugeben und im Speckfett 5 Min. an-dünsten. Vom Herd nehmen und abkühlen lassen.

2 Die Eier mit Crème fraîche und Sahne verquirlen. Mit Salz, Pfef-fer und etwas Muskat würzen. Den Gruyère fein reiben. Die Butter schmelzen. Aus Backpapier zehn Streifen à 2 × 15 cm schneiden. Zehn Mulden einer Muffinform dünn mit Öl auspinseln und je ei-nen vorbereiteten Backpapierstreifen so hineinlegen, dass er an zwei Seiten übersteht.

3 Die Teigblätter entrollen. Nacheinander je 1 Teigblatt auf die Ar-beitsfläche legen, dünn mit Butter einpinseln, zusammenklappen, erneut einpinseln und wieder zusammenklappen, sodass nach und nach zehn etwa 15 × 15 cm große Quadrate entstehen. Die Teigquadrate in die Muffinmulden legen.

4 In jedes Teigkörbchen 1 TL geriebenen Gruyère streuen. Die Lauch-Speck-Mischung in die Teigkörbchen verteilen. Den Eier-guss gleichmäßig darübergießen und mit dem restlichen Käse be-streuen. Im heißen Ofen in 30 Min. knusprig backen. Eventuell am Ende mit Alufolie abdecken. 15 Min. in der Form ruhen lassen, dann mit Hilfe der Backpapierstreifen vorsichtig herauslösen. Warm oder kalt servieren.

TIPP Noch mehr Aroma: Die Blättchen von je 2–3 Stielen Petersilie und Majoran fein hacken und unter die Eiermasse rühren.

REGISTER

Damit Sie Rezepte mit bestimmten Zutaten noch schneller finden, sind in diesem Register auch beliebte Zutaten wie **Mozzarella** oder **Oliven** alphabetisch eingeordnet und hervorgehoben. Darunter finden Sie das Rezept Ihrer Wahl. Vegetarische Rezepte, die im Buch mit einem 🌿 gekennzeichnet sind, sind hier grün abgesetzt.

Projektleitung: Jessica Kleppel
Lektorat: Margarethe Brunner
Korrektorat: Annette Hartwig
Innen- und Umschlaggestaltung: independent Medien-Design, Horst Moser, München
Illustrationen: Julia Wolf
Herstellung: Mendy Jost
Satz: Kösel, Krugzell
Reproduktion: Repro Ludwig, Zell am See
Druck und Bindung: Schreckhase, Spangenberg
Syndication: www.seasons.agency
Printed in Germany

3. Auflage 2017
ISBN 978-3-8338-5334-0

 www.facebook.com/gu.verlag

GRÄFE UND UNZER
Ein Unternehmen der
GANSKE VERLAGSGRUPPE

Die Autorin

Inga Pfannebecker ist Diplom-Oecotrophologin und war als Food-Redakteurin bei namhaften Zeitschriften tätig. Seit 2012 lebt sie in Amsterdam. Ihre Spezialität sind Rezepte, in denen sich guter Geschmack und Alltagstauglichkeit perfekt ergänzen. Knuspriges aus dem Ofen kommt bei ihr daher häufig auf den Tisch.

Die Fotografen

Andrea Kramp und **Bernd Gölling** lernten sich während des Fotodesign-Studiums kennen. Seit 1983 sind sie freiberuflich tätig und arbeiten gemeinsam in ihrem Studio bei Hamburg im Bereich Food und Still Life. Die Rezepte in diesem Buch haben sie mit **Hermann Rottmann** (Foodstyling) in Szene gesetzt.

Bildnachweis

Autorenfoto: Maud Fontein, Amsterdam; Titelfoto: Janne Peters, Hamburg; alle anderen Fotos: Kramp + Gölling Fotodesign, Reeßum

Titelrezept

Pizza Parma (S. 13)

Umwelthinweis:

Dieses Buch ist auf PEFC-zertifiziertem Papier aus nachhaltiger Waldwirtschaft gedruckt.

QUALITÄTS G|U GARANTIE

Liebe Leserin, lieber Leser,

haben wir Ihre Erwartungen erfüllt? Sind Sie mit diesem Buch zufrieden? Haben Sie weitere Fragen zu diesem Thema? Wir freuen uns auf Ihre Rückmeldung, auf Lob, Kritik und Anregungen, damit wir für Sie immer besser werden können.

GRÄFE UND UNZER Verlag
Leserservice
Postfach 86 03 13
81630 München
E-Mail:
leserservice@graefe-und-unzer.de

Telefon: 00800 / 72 37 33 33*
Telefax: 00800 / 50 12 05 44*
Mo–Do: 9.00 – 17.00 Uhr
Fr: 9.00 – 16.00 Uhr
(* gebührenfrei in D, A, CH)

Ihr GRÄFE UND UNZER Verlag
Der erste Ratgeberverlag – seit 1722.

Backofenhinweis:

Die Backzeiten können je nach Herd variieren. Die Temperaturangaben in unseren Rezepten beziehen sich auf das Backen im Elektroherd mit Ober- und Unterhitze und können bei Gasherden oder Backen mit Umluft abweichen. Details entnehmen Sie bitte Ihrer Gebrauchsanweisung.

EINFACH TEIGVERLIEBT

Unsere
TEIGAUSWAHL
ist die Basis für
DEINE KREATIVITÄT

**GERICHTE VON
KLASSISCH HERZHAFT BIS
VEGETARISCH UND VEGAN**

**INSPIRIERENDE
VIDEOS**

**VIELFÄLTIGE
TIPPS**
auf
WWW.TANTEFANNY.AT

Besuche uns auf:
www.tantefanny.at

HEUTE MAL WAS SÜSSES?

Überraschung! Für alle Naschkatzen und Leckermäulchen gibt's hier die Ofen-Hits mal zuckersüß und zum Verlieben gut als Begleiter zu Kaffee oder Tee.

SÜSSE SOMMER-PIZZA

Für 16 Stücke: 100 ml Milch lauwarm erhitzen. 15 g frische Hefe darin auflösen. Mit 300 g Mehl, 30 g Zucker, 1 Prise Salz, 75 g weicher Butter und 1 Ei zum Teig verkneten. 1 Std. gehen lassen. Je 125 g Ricotta und saure Sahne mit 1 Eigelb, 50 g Zucker, 2 EL Limettensaft und abgeriebener Schale von 1 Bio-Limette verrühren. 300 g Aprikosen entkernen und in Spalten schneiden. Teig durchkneten und auf Mehl in Backblechgröße ausrollen. Auf das Blech legen. Mit Creme bestreichen und mit Aprikosen und 200 g Himbeeren belegen. Bei 200° 20–25 Min. (Mitte) backen. Auskühlen lassen. Mit 2 EL gehackten Pistazien bestreuen.

SCHOKO-BIRNEN-FLAMMKUCHEN

Für 2 Flammkuchen (à 8 Stücke): ½ Rezeptmenge Flammkuchenteig (siehe S. 7) zubereiten. Backofen samt Backblech auf 250° vorheizen. 2 nicht zu weiche Birnen vierteln, entkernen und in Spalten schneiden. Teig halbieren, jeweils auf bemehltem Backpapier dünn ausrollen. 5 EL dunklen Schokoladen-Brotaufstrich erwärmen, auf die Böden streichen. Mit Birnen belegen. Flammkuchen hintereinander samt Backpapier auf das heiße Blech ziehen und im heißen Ofen 12 Min. backen. 4 Cantuccini zerbröseln. Fertige Flammkuchen damit bestreuen, in Stücke schneiden und warm servieren.